L'ABBÉ RAYNAL

A U X

ÉTATS GÉNÉRAUX.

La liberté vient de Dieu , l'autorité, des hommes.

A MARSEILLE,

1789.

LETTRE *adreſſée au Corps de la Bour-* *geoiſie de la ville de Marſeille, par* *M. l'Abbé* RAYNAL.

MESSIEURS,

J'AI *ſoixante-ſeize ans. Quatre mois d'une maladie* *très-douloureuſe viennent de m'ôter le peu de forces* *phyſiques & morales qu'un âge avancé m'avoit laiſſées.* *La moindre méditation fatigue mes organes affoiblis.* *Vous jugerez aiſément que dans cet état je ne puis* *remplir les fonctions de votre Repréſentant avec la* *dignité convenable à votre Cité, à vous, Meſſieurs,* *&, s'il m'eſt permis de le dire, à moi-même.*

Vous trouverez parmi vos Concitoyens des hommes *bien plus capables que je ne l'aurois été en aucun temps,* *d'être vos interprètes. S'il m'étoit permis de vous en* *indiquer, j'oſerois vous préſenter M. Bertrand,* *Directeur principal de la Compagnie d'Afrique. De-* *puis bien des années il étudie, dans le ſilence, la* *nature des différens Gouvernemens ; il en a ſaiſi les* *rapports ; il a fait des combinaiſons nouvelles qui* *peuvent être très-utiles dans les heureſes circonſtances* *où ſe voit la France. Perſonne ne lui conteſtera la* gloire de bien dire, de bien écrire ; & je serois caution de son courage, de sa fermeté, de son désintéressement.

Voilà, Messieurs, un de ces enfans que la Patrie peut montrer avec confiance à la Nation assemblée : il y soutiendra, avec l'assurance de la probité & du génie, la gloire & les intérêts de l'ancienne Marseille & de la Marseille moderne.

J'ai l'honneur d'être avec reconnoissance & avec respect,

MESSIEURS,

Votre, &c.
signé RAYNAL.

P. S. Ce qui me console de ne pouvoir plus servir la France qui m'a proscrit, c'est que je peux me flatter, sur le bord de ma tombe, d'avoir annoncé, précurseur de la raison, d'avoir préparé ses heureuses destinées. Puisse-t-elle oublier, comme moi, tout le mal qu'elle m'a fait, pour avoir pensé & parlé un peu trop tôt, lorsque les têtes, même celles des Ministres, n'étoient pas mûres, lorsque le Parlement brûloit encore les livres !

Une main amie a recueilli, dans mes Ouvrages, tous les principes qui doivent concourir à l'édifice de la nouvelle Constitution. Je vous les envoye, ce sont mes Cahiers.

L'ABBÉ RAYNAL

AUX ÉTATS GÉNÉRAUX.

DISCOURS AU ROI.

JEUNE Prince, toi qui as pu conſerver l'horreur du vice & de la diſſipation au milieu de la Cour la plus diſſolue & ſous le plus inepte des Inſtituteurs, daigne m'écouter avec indulgence; parce que je ſuis un homme de bien, & un de tes meilleurs ſujets; parce que je n'ai aucune prétention à tes graces, & que, le matin & le ſoir, je leve des mains pures vers le Ciel pour le bonheur de l'eſpece humaine, & pour la proſpérité & la gloire de ton regne. La hardieſſe avec laquelle je te dirai des vérités, que ton prédéceſſeur n'entendit jamais de la bouche de ſes flatteurs, & que tu n'entendras pas davantage de ceux qui t'entourent, eſt le plus grand éloge que je puiſſe faire de ton caractere.

Tu regnes ſur le plus bel Empire de l'univer.

Malgré la décadence où il eſt tombé, il n'y
a aucun endroit de la terre où les arts & les
ſciences ſe ſoutiennent avec autant de ſplen-
deur. Les Nations voiſines ont beſoin de toi,
& tu peux te paſſer d'elles. Si tes Provinces
jouiſſoient de la fécondité dont elles ſont ſuſ-
ceptibles ; ſi tes troupes, ſans être beaucoup
plus nombreuſes, étoient auſſi diſciplinées
qu'elles peuvent l'être ; ſi tes revenus, ſans
s'accroître, étoient mieux adminiſtrés ; ſi
l'eſprit d'économie dirigeoit les dépenſes de
tes Miniſtres & celles de ton Palais ; ſi tes
dettes étoient acquittées : quelle puiſſance ſeroit auſſi formidable que la tienne !

Dis-moi, quel eſt le Monarque qui commande
à des ſujets auſſi patiens, auſſi fidèles, auſſi
affectionnés ? Eſt-il une Nation plus franche,
plus active, plus induſtrieuſe ? L'Europe entiere n'y a-t-elle pas pris cet eſprit ſocial qui
diſtingue ſi heureuſement notre âge des ſiecles
qui l'ont précédé ? Les hommes d'Etat de
tous les pays n'ont-ils pas jugé ton Empire
inépuiſable ? Toi-même, tu connoîtras toute
l'étendue de ſes reſſources, ſi tu te dis ſans
délai : « Je ſuis jeune, mais je veux le bien. La
» fermeté triomphe de tous les obſtacles. Qu'on
» me préſente un tableau fidèle de ma ſitua-
» tion : quelqu'il ſoit, je n'en ſerai point ef-

» frayé ». Tu as ordonné, je vais obéir. Ah ! si, tandis que je parlerai, deux larmes s'échappent de tes yeux, nous sommes sauvés.

Lorsqu'un événement inattendu fit passer le sceptre dans tes mains inexpérimentées, la Marine Françoise, un moment, un seul moment redoutable, avoit cessé d'exister. La foiblesse, le désordre, & la corruption l'avoient replongée dans le néant, d'où elle étoit sortie à l'époque la plus brillante de la Monarchie. Elle n'avoit pu ni défendre nos possessions éloignées, ni préserver nos côtes de l'invasion & du pillage. Sur toutes les plages du globe, nos Navigateurs, nos Commerçans étoient exposés à des avanies ruineuses & à des humiliations cent fois plus intolérables.

Les forces & les trésors de la Nation avoient été prodigués pour des intérêts étrangers, & peut-être opposés aux nôtres. Mais qu'est-ce que l'or ? qu'est-ce que le sang en comparaison de l'honneur ? Nos armes, autrefois si redoutées, n'inspiroient plus aucun effroi. A peine nous accordoit-on du courage.

Nos Envoyés, qui, si long-temps, allerent moins négocier dans les autres Cours qu'y manifester les intentions, j'ai presque dit les volontés de leur Maître, nos Envoyés étoient dédaignés. Les transactions les plus importantes y étoient conclues, sans qu'on s'en fût expliqué avec eux. Des Puissances alliées partageoient entre elles des Empires à notre insçu : à notre insçu ! A t-on jamais annoncé d'une maniere plus outrageante & moins équivoque, le peu de poids dont on nous comptoit dans la balance générale des affaires politiques de l'Europe ? O splendeur ! ó respect du nom françois ! qu'étois-tu devenu ?

Voilà, jeune Souverain, ta position hors des limites de ton Empire. Tu baisses les yeux, tu n'ofes la regarder. Au dedans elle n'est pas meilleure ; j'en atteste cette continuité de banqueroutes exécutées d'année en année, de mois en mois, sous le regne de tes prédécesseurs. C'est ainsi qu'on a conduit insensiblement à la derniere indigence, une multitude de sujets à qui l'on n'eut d'autres reproches à faire que d'avoir indiscretement confié leur fortune à leurs Souverains, & d'avoir ignoré la valeur de leur promesse sacrée. On rougiroit de manquer à son ennemi, & les Rois, les peres de la patrie, ne rougissent point de manquer aussi cruellement, aussi bassement à leurs enfans ! O prostitution abominable de leurs sermens ! Encore si ces malheureuses victimes pouvoient se consoler par la nécessité des circonstances, par l'urgence toujours renaissante des besoins

publics : mais c'eſt après des années d'une longue
paix, que ces perfidies ont été conſenties,
ſans qu'on en vît d'autre motif que le pillage
des Finances abandonnées à une foule de mains
auſſi viles que rapaces. Vois-en la chaîne deſ-
cendre du Trône vers ſes premieres marches,
& de là s'étendre vers les derniers confins de la
ſociété. Vois ce qui arrive lorſque le Monarque
ſépare ſes intérêts des intérêts de ſes peuples.

Jette les yeux ſur la Capitale de ton Empire, & tu y trouveras deux claſſes de citoyens. Les uns, regorgeant de richeſſes,
étalent un luxe qui indigne ceux qu'il ne cor-
rompt pas ; les autres, plongés dans l'indigence, l'accroiſſent encore par le maſque d'une
aiſance qui leur manque : car telle eſt la puiſſance de l'or, lorſqu'il eſt devenu le dieu d'une
Nation, qu'il ſupplée à tout talent, qu'il
remplace toute vertu, qu'il faut avoir des
richeſſes ou faire croire qu'on en a. Au milieu
de ce ramas d'hommes diſſolus, tu verras quelques citoyens laborieux, honnêtes, économes,
induſtrieux, à demi proſcrits par des lois vi-
cieuſes que l'intolérance a dictées, éloignés
de toutes les fonctions publiques, toujours
prêts à s'expatrier, parce qu'il ne leur eſt pas
permis de s'enraciner par des propriétés,
dans un Etat où ils exiſtent ſans honneur civil

& sans sécurité. Fixe tes regards sur les Provinces où s'éteignent tous les genres d'industrie; tu les verras succombant sous le fardeau des impositions & sous les vexations aussi variées que cruelles de la nuée des satellites du Traitant.

Abaisse-les ensuite sur les campagnes, & considere d'un œil sec, si tu le peux, celui qui nous enrichit condamné à mourir de misere, l'infortuné Laboureur auquel il reste à peine, des terres qu'il a cultivées, assez de paille pour couvrir sa chaumiere & se faire un lit. Vois le concussionnaire protégé tourner auprès de sa pauvre demeure, pour trouver dans l'apparence de quelque amélioration à son triste sort, le prétexte de redoubler ses extorsions. Vois des troupes d'hommes qui n'ont rien, quitter dès l'aurore leur habitation, & s'acheminer, eux, leurs femmes, leurs enfans, leurs bestiaux, sans salaire, sans nourriture, à la confection des routes, dont l'avantage n'est que pour ceux qui possedent tout.

Je le vois. Ton ame sensible est accablée de douleur; & tu demandes, en soupirant, quel est le remede à tant de maux. On te le dira, tu te le diras à toi-même. Mais auparavant, sache que le Monarque qui n'a que des vertus pacifiques peut se faire aimer de ses sujets, mais qu'il n'y a que la force qui

(9)

le faffe refpecter de fes voifins ; que les Rois
n'ont point de parens , & que les pactes de
famille ne durent qu'autant que les contrac-
tans y trouvent leur intérêt; qu'il y a encore
moins de fonds à faire fur ton alliance avec
une Maifon artificieufe , qui exige rigoureu-
fement l'obfervation des traités faits avec elle,
fans jamais manquer de prétextes pour en
éluder les conditions , lorfqu'elles traverfent
fon agrandiffement; qu'un Roi, le feul homme
qui ignore s'il a à fes côtés un véritable ami,
n'en a point hors de fes Etats , & ne doit
compter que fur lui-même; qu'un Empire ne
peut pas plus fubfifter fans mœurs & fans vertu
qu'une famille particuliere ; qu'il s'avance
comme elle à fa ruine par les diffipations , &
ne peut fe relever , comme elle , que par
l'économie ; que le fafte n'ajoute rien à la
majefté du Trône; qu'un de tes aïeux ne fe
montra jamais plus grand que lorfque , ac-
acompagné de quelques gardes qui lui étoient
utiles , plus fimplement vétu qu'un de fes
fujets , le dos appuyé contre un chêne , il
écoutoit les plaintes & décidoit les différens;
& que ton Etat fortira de l'abime creufé par
tes aïeux , fi tu te réfous à conformer ta
conduite à celle d'un particulier riche , mais
obéré , & cependant affez honnête pour vou-

loir fatisfaire aux engagemens inconfidérés de fes peres, & affez jufte pour s'indigner de tous les moyens tyranniques & les rejeter.

Demande-toi pendant le jour, pendant la nuit, au milieu du tumulte de ta Cour, dans le filence de ton cabinet, lorfque tu méditeras (& quel eft l'inftant où tu ne duffes pas méditer fur le bonheur de vingt-deux millions d'hommes que tu chéris, qui t'aiment & qui preffent par leurs vœux le moment de t'adorer) : demande-toi fi ton intention eft de perpétuer les profufions infenfées de ton Palais.

De garder cette multitude d'Officiers grands & fubalternes qui te dévorent.

D'éternifer le difpendieux entretien de tant de châteaux inutiles & les énormes falaires de ceux qui les gouvernent.

De doubler, tripler les dépenfes de ta Maifon par des voyages non moins couteux qu'inutiles.

De diffiper en fêtes fcandaleufes la fubfiftance de ton peuple.

De permettre qu'on éleve fous tes yeux des tables d'un jeu ruineux, fource d'aviliffement & de corruption.

D'épuifer ton tréfor pour fournir au fafte des tiens, & leur continuer un état dont la magnificence foit l'émule de la tienne.

De fouffrir que l'exemple d'un luxe perfide
dérange la tête de nos femmes & faffe le dé-
fefpoir de leurs époux.

De facrifier chaque jour à la nourriture de
tes chevaux, des fubfiftances dont l'équivaient
nourriroit plufieurs milliers de tes fujets, qui
meurent de faim & de mifere.

D'accorder à des Membres qui ne font déjà
que trop gratifiés , & à des Militaires large-
ment ftipendiés pendant de longues années
d'oifiveté , des fommes extraordinaires pour
des opérations qui font de leur devoir , que
dans tout autre Gouvernement que le tien,
ils exécuteroient à leurs dépens.

De perfifter dans l'infructueufe poffeffion de
Domaines immenfes qui ne rendent rien, &
dont l'aliénation , en acquittant une partie
de ta dette, accroîtroit & ton revenu & la
richeffe de la Nation. Celui à qui tout appar-
tient comme Souverain , ne doit rien avoir
comme particulier.

De te prêter à l'infatiable avidité de tes
Courtifans & des Courtifans de tes proches.

De permettre que les Grands, les Magiftrats,
tous les hommes puiffans ou protégés de ton
Empire continuent d'écarter loin d'eux le fardeau de l'impôt , pour le faire retomber fur le
peuple : efpece de concuffion contre laquelle

le gémissement des opprimés & les remontrances des hommes éclairés réclament inutilement & depuis si long-temps.

De confirmer dans un Corps qui possède le quart des biens du Royaume le privilége absurde de s'imposer à sa discrétion, & par l'épithete de *gratuits*, qu'il ne rougit pas de donner à ses subsides, de te signifier qu'il ne te doit rien ; qu'il n'en a pas moins droit à ta protection & à tous les avantages de la société, sans en acquitter aucune des charges, & que tu n'en as aucun à sa reconnoissance.

Lorsqu'à ces questions tu auras fait toi-même les réponses justes & vraies que ton ame sensible & royale t'inspirera, agis en conséquence. Sois ferme, ne te laisse ébranler par aucune de ces représentations que la duplicité & l'intérêt personnel imagineront pour t'arrêter, peut-être même pour t'inspirer de l'effroi ; & sois sûr d'être bientôt le plus honoré & le plus redoutable des Potentats de la terre.

Oui, Louis XVI, tel est le sort qui t'attend ; & c'est dans la confiance que tu l'obtiendras que je suis attaché à la vie. Il ne me reste plus qu'un mot à te dire, mais il est important. C'est de regarder comme le plus dangereux des imposteurs, comme l'ennemi le plus cruel de notre bonheur & de ta gloire, le flatteur impudent qui ne balancera pas à t'assoupir dans une tranquillité funeste; soit en affoiblissant à tes yeux la peinture affligeante de ta situation, soit en t'exagérant l'indécence, le danger, la difficulté de l'emploi des ressources qui se présenteront à ton esprit.

Tu entendras murmurer autour de toi : *Cela ne se peut, & quand cela se pourroit, ce sont des innovations.* Des inovations! soit. Mais tant de découvertes dans les sciences & dans les arts n'en ont-elles pas été ? L'art de bien gouverner est-il donc le seul qu'on ne puisse perfectionner ? L'Assemblée des Etats d'une grande Nation, le retour à la liberté primitive, l'exercice respectable des premiers actes de la justice naturelle, seroient-ce donc des innovations?

DU GOUVERNEMENT.

LE Gouvernement doit sa naissance à la nécessité de prévenir & de réprimer les injures que les Associés avoient à craindre les uns de la part des autres. C'est la sentinelle qui veille pour empêcher que les travaux communs ne foient troublés.

Ainfi la fociété eft née des befoins des hommes ; le Gouvernement eft né de leurs vices. La fociété tend toujours au bien ; le Gouvernement doit toujours tendre à réprimer le mal. La fociété eft la premiere , elle eft, dans fon origine , indépendante & libre ; le Gouvernement a été inftitué pour elle , & n'eft que fon inftrument. C'eft à l'une à commander, c'eft à l'autre à la fervir. La fociété a créé la force publique ; le Gouvernement qui l'a reçue d'elle doit la confacrer tout entiere à fon ufage.

Les formes de Gouvernement ; du choix, & du choix libre des premiers aïeux, quelque fanction qu'elles puiffent avoir reçue , ou du ferment , ou du concert unanime , ou de leur permanence , font elles obligatoires pour leurs defcendans ?

Si les peuples font heureux fous la forme de leur Gouvernement , ils le garderont. S'ils font malheureux , l'impoffibilité de fouffrir davantage & plus long-temps les déterminera à la changer : mouvement falutaire , que l'oppreffeur appellera révolte , bien qu'il ne foit que l'exercice légitime d'un droit inaliénable & naturel de l'homme qu'on opprime , & même de l'homme qu'on n'opprime pas.

On veut , on choifit pour foi. On ne fau-
roit vouloir ni choifir pour un autre ; & il
feroit infenfé de vouloir, de choifir pour celui
qui n'eft pas encore né , pour celui qui eft
à des fiecles de fon exiftence. Point d'indi-
vidu qui, mécontent de la forme du Gouvernement de fon pays, n'en puiffe aller chercher ailleurs une meilleure. Point de fociété
qui n'ait , à changer la fienne , la même liberté qu'eurent fes ancêtres à l'a'opter. Sur
ce point, les fociétés en font comme au premier moment de leur civilifation. Sans quoi
il y auroit un grand mal ; que dis-je , le plus
grands des maux feroit fans remede. Des
millions d'hommes auroient été condamnés à
un malheur fans fin.

Il n'eft nulle forme de Gouvernement dont
la prérogative foit d'être immuable.

Nulle autorité politique , qui , créée hier
ou il y a mille ans , ne puiffe être abrogée
dans dix ans ou demain.

Nulle puiffance , fi refpectable , fi facrée
qu'elle foit , autorifée à regarder l'Etat comme
fa propriété.

Quiconque penfe autrement eft un efclave.
C'eft un idolâtre de l'œuvre de fes mains.

Quiconque penfe autrement eft un infenfé,
qui fe dévoue à une mifere éternelle, qui y

dévoue sa famille, ses enfans, les enfans de
ses enfans, en accordant à se ancêtres le
droit de stipuler pour lui lorsqu'il n'étoit pas,
& en s'arrogeant le droit de stipuler pour ses
neveux qui ne sont pas encore. Toute autorité dans ce monde a commencé, ou par le
consentement des sujets, ou par la force du
Maître. Dans l'un & l'autre cas, elle peut
finir légitimement. Rien ne prescrit pour la
tyrannie contre la liberté.

Point de Gouvernement sans une confiance
mutuelle entre celui qui commande & celui
qui obéit.

LA POLITIQUE.

LA POLITIQUE ressemble, pour le but &
pour l'objet, à l'éducation de la jeunesse. L'une
& l'autre tendent à former des hommes. Elles
doivent, à bien des égards, se ressembler par
les moyens. Les peuples sauvages, quand ils
se sont réunis en société, veulent, ainsi que les
enfans, être menés par la douceur & reprimés
par la force. Faute de l'expérience, qui seule
forme la raison, incapables de se gouverner
eux-mêmes dans la vicissitude des événemens

&

& des rapports qu'amene l'état d'une société naissante ; le Gouvernement doit être éclairé pour eux & les conduire par l'autorité jusqu'à l'âge des lumieres. Aussi les peuples barbares se trouvent-ils naturellement sous les lisieres & la verge du despotisme, jusqu'à ce que les progrès de la société leur aient appris à se conduire par leurs intérêts.

Les peuples policés, semblables aux ado-lescens plus ou moins avancés, non en raison de leurs facultés, mais du régime de leur premiere institution, dès qu'ils sentent leur force & leurs droits, veulent être ménagés & même respectés par ceux qui les gouvernent. Un fils bien élevé ne doit rien entreprendre sans consulter son pere : un Prince, au contraire, ne doit rien établir sans consulter son peuple. Il y a plus : le fils dans les résolutions où il prend conseil de son pere, souvent ne hasarde que son propre bonheur : un Prince compromet toujours l'intérêt du peuple dans tout ce qu'il statue. L'opinion publique, chez une Nation qui pense & qui parle, est la regle du Gouvernement : jamais il ne la doit heurter sans des raisons publiques, ni la contrarier, sans l'avoir désabusée. C'est d'après cette opinion que le Gouvernement doit modifier toutes ses formes. L'opinion, comme

B

on le fait, varie avec les mœurs, les habi-
tudes, & les lumieres. Ainfi, te! Prince pourra
faire, fans trouver la moindre réfiftance, un
acte d'autorité, que fon fuccceffeur ne renou-
velleroit pas fans exciter l'indignation. D'où
vient cette différence ? Le premier n'aura pas
choqué l'opinion qui n'étoit pas encore née;
le fecond l'aura bleffée ouvertement un fiecle
plus tard. L'un aura fait, pour ainfi dire,
à l'infçu du peuple, une démarche dont il
aura corrigé ou reparé la violence, par les
fuccès heureux de fon gouvernement; l'autre
aura peut-être comblé les malheurs publics
par des volontés injuftes que devoient perpétuer les premiers abus de fon autorité. La
réclamation publique eft conftamment le cri
de l'opinion ; & l'opinion générale eft la regle
du Gouvernement: c'eft par ce qu'elle eft
la Reine du monde, que les Rois font les
Maîtres des hommes. Les Gouvernemens doivent donc s'améliorer & fe perfectionner,
comme les opinions. Mais quelle eft la regle
des opinions chez les peuples éclairés ? L'intérêt permanent de la fociété, le falut &
l'utilité de la Nation. Cet intérêt fe modifie
au gré des événemens & des fituations ;
l'opinion publique & la forme du Gouvernement fuivent ces différentes modifications.

SUR L'ASSERVISSEMENT DES PEUPLES.

Les Nations, en général, font plus faites pour fentir que pour penfer. La plupart ne fe font jamais avifées d'analyfer la nature du pouvoir qui les gouverne. Elles obéiffent fans réflexion, & parce qu'elles ont l'habitude d'obéir. L'origine & l'objet des premieres affociations nationales leur étant inconnus, toute réfiftance à leur volonté leur paroît un crime. C'eft principalement dans les Etats où les principes de la légiflation fe confondent avec ceux de la religion, que cet aveuglement eft ordinaire. L'habitude de croire favorife l'habitude de fouffrir. L'homme ne renonce pas impunément à un feul objet ; il femble que la nature fe venge de celui qui ofe ainfi la dégrader. Cette difpofition fervile de l'ame s'étend à tout. Elle fe fait un devoir de réfignation comme de baffeffe, &, baifant toutes les chaînes avec refpect, tremble d'examiner fes lois comme fes dogmes. De même qu'une feule extravagance dans les opi-

nions religieuſes ſuffit pour en faire adopter
ſans nombre à des eſprits une fois déçus ; une
premiere uſurpation du Gouvernement ouvre
la porte à tous les autres. Qui croit le plus,
croit le moins ; qui peut le plus, peut le
moins. C'eſt par ce double abus de la cré-
dulité & de l'autorité que toutes les abſurdités, en matiere de culte & de politique,
ſe ſont introduites dans le monde pour écraſer
les hommes. Auſſi le premier ſignal de la liberté chez les Nations les a portées à ſecouer
ces deux jougs à la fois ; & l'époque où l'eſprit humain commença à diſcuter les abus de
l'Egliſe & du Clergé, eſt celle où la raiſon
ſentit enfin les droits des peuples, & où le
courage eſſaya de poſer les premieres bornes
au deſpotiſme.

Les peuples qui ont murmuré tant que
l'orage ne faiſoit que gronder au loin, ſe ſou-
mettent ſouvent lorſqu'il vient à fondre ſur
eux. C'eſt alors qu'ils peſent les avantages
& les déſavantages de la réſiſtance ; qu'ils
meſurent leurs forces & celles de leurs op-
preſſeurs ; qu'une terreur panique ſaiſit ceux
qui ont tout à perdre & rien à gagner ; qu'ils
élevent la voix, qu'ils intimident, qu'ils corrompent ; que la diviſion s'éleve entre les
eſprits, & que la ſociété ſe partage entre deux

(21)

factions qui s'irritent, en viennent quelquefois aux mains, & s'entr'égorgent fous les
yeux de leurs tyrans, qui voient couler ce
fang avec une douce fatisfaction. Mais les tyrans
ne trouvent guere de complices que chez les
peuples déjà corrompus. Ce font les vices qui
leur donnent des alliés parmi ceux qu'ils op-
priment. C'eft la molleffe qui s'épouvante, &
n'ofe faire l'échange de fon repos contre des
périls honorables. C'eft la vile ambition de
commander qui prête fes bras au defpotifme
& confent à être efclave pour dominer ; à
livrer un peuple pour partager fa dépouille ;
à renoncer à l'honneur pour obtenir des honneurs & des titres. C'eft fur-tout l'indifférente
& froide perfonnalité, dernier vice d'un peuple,
dernier crime des Gouvernemens, car c'eft
toujours le Gouvernement qui l'a fait naître :
c'eft elle qui, par principe, facrifie une Nation à un homme, & le bonheur d'un fiecle
& de la poftérité à la jouiffance d'un jour &
d'un moment.

Faut-il révéler aux Nations les trames qui
fe forment contre leur liberté ? Faut-il leur
dire que, par le complot le plus odieux, depuis des fiecles, tous les Princes de l'Europe
fabriquent entre eux, dans les ténebres du
cabinet, cette longue & pefante chaîne dont

B 3

les peuples fe fentent enveloppés de toutes
parts ? Chaque négociation ajoutoit de nouveaux chaînons à ce filet artificieufement ima-
giné. Les guerres ne tendoient pas à rendre
les Etats plus grands , mais les fujets plus.
foumis , en fubftituant pas à pas le Gouvernement militaire à l'influence douce & lente
des lois & des mœurs. Tous les Potentats
fe facrifioient également dans leur tyrannie ,
par leurs conquétes ou par leurs pertes. Vic-
torieux , ils régnoient avec des armées ; hu-
miliés & défaits , ils commandoient par la
mifere à des fujets pufillanimes. Ennemis ou
jaloux entre eux par ambition , ils ne fe li-
guoient ou ne s'allioient que pour appefantir
la fervitude. Soit qu'ils vouluffent fouffler la
guerre ou conferver la paix , ils étoient af-
furés de tourner au profit de leur autorité
l'agrandiffement ou l'affoibliffement de leurs
peuples. S'ils cédoient une province , ils épui-
foient toutes les autres pour la recouvrer ou
pour fe dédommager de fa perte. S'ils en ac-
quéroient une nouvelle , la fierté qu'ils affec-
toient au dehors étoit au dedans dureté ,
vexation. Ils empruntoient les uns des autres
réciproquement tous les arts , toutes les inventions , foit de la guerre , foit de la paix ,
qui pouvoient concourir , tantôt à fomenter

les rivalités & les antipathies naturelles, tantôt à oblitérer le caractere des Nations : comme ſi l'accord tacite de leurs Maîtres eût été de les aſſujettir les unes par les autres au deſpotiſme qu'ils avoient ſu préparer de longue main. N'en doutez pas, peuples qui gémiſſez tous, plus ou moins ſourdement, de votre condition ; ceux qui ne vous ont jamais aimés, en ſont venus à ne vous plus craindre. La tyrannie, dit-on, eſt l'ouvrage des peuples, & non pas des Rois. Pourquoi la ſouffre-t-on ? pourquoi ne réclame-t-on pas avec autant de chaleur contre les entrepriſes du deſpotiſme, qu'il emploie de violence & d'artifice lui-même pour s'emparer de toutes les facultés des hommes ? Mais eſt-il permis de ſe plaindre & de murmurer ſous les verges de l'oppreſſeur ? N'eſt-ce pas l'irriter, l'exciter à frapper juſqu'au dernier ſoupir de la victime ? A ſes yeux, les cris de la ſervitude ſont une rebellion. On les étouffe dans une priſon, ſouvent même ſur un échaffaud. L'homme qui revendiqueroit les droits de l'homme, périroit dans l'abandon ou dans l'infamie. On eſt donc réduit à ſouffrir la tyrannie ſous le nom de l'autorité ?

Dès lors à quels outrages l'homme civil n'eſt-il pas expoſé ? S'il a quelque propriété, juſqu'à quel point en eſt-il aſſuré, quand il

B 4

eſt obligé d'en partager le produit entre l'homme
de Cour qui peut attaquer ſon fonds , l'homme
de Loi qui lui vend les moyens de le conſerver , l'homme de Guerre qui peut le ra-
vager , & l'homme de Finances qui vient y
lever des droits toujours illimités dans le pouvoir qui les exige ? Sans propriété , comment ſe promettre une ſubſiſtance durable ?
Quel eſt le genre d'induſtrie à l'abri des événemens de la fortune & des atteintes du Gouvernement ? Il peut arriver que la volonté d'un
Roi ſoit en contradiction avec la volonté de
ſes ſujets. Alors , malgré toute ſa juſtice &
ſes lumieres , il auroit tort de les dépouiller
de leurs droits , même pour leur avantage.
Eſt-il jamais permis à un homme , quel qu'il
ſoit , de traiter ſes commettans comme un
troupeau de bêtes ? On force celles-ci à quitter
un mauvais pâturage , pour paſſer dans un plus
gras : mais ne ſeroit-ce pas une tyrannie d'em-
ployer la même violence avec une ſociété
d'hommes ? S'ils diſent , nous ſomme bien ici ;
s'ils diſent même d'accord , nous y ſommes
mal , mais nous voulons y reſter ; il faut
tâcher de les éclairer , de les détromper , de
les amener à des vues ſaines par la voie de
la perſuaſion , mais jamais par celle de la
force. Le meilleur des Princes qui auroit fait

le bien contre la volonté générale, feroit criminel, par la feule raifon qu'il auroit outre-
paffé fes droits. Il feroit criminel pour le préfent & pour l'avenir : car s'il eft éclairé &
jufte, fon fucceffeur, fans être héritier de fa
raifon & de fa vertu, hérite affurément de
fon autorité, dont la Nation fera la victime.
Un premier Defpote, jufte, ferme, éclairé, eft
un grand mal ; un fecond Defpote, jufte,
ferme, éclairé, feroit un plus grand mal ;
un troifieme qui leur fuccéderoit avec ces
grandes qualités, feroit le plus terrible fléau
dont une Nation pourroit être frappée. On
fort de l'efclavage où l'on eft précipité par
la violence ; on ne fort point de celui où
l'on a été conduit par le temps & par la juftice.
Si le fommeil d'un peuple eft l'avant-coureur
de la perte de fa liberté, quel fommeil plus
doux, plus profond, & plus perfide que celui
qui a duré trois regnes, pendant lefquels on
a été bercé par les mains de la bonté ?

Peuples, ne permettez donc pas à vos
prétendus Maîtres de faire, même le bien,
contre votre volonté générale. Songez que la
condition de celui qui vous gouverne n'eft
pas autre que celle de ce Cacique à qui l'on
demandoit s'il avoit des efclaves, & qui ré-

pondit, « Des efclaves ! je n'en connois qu'un
» dans ma Contrée, & cet efclave - là,
» c'eft moi ».

SUR LA LIBERTÉ.

LA liberté eft la propriété de foi. On dif-
tingue trois fortes de libertés ; la liberté naturelle, la liberté civile, la liberté politique, c'eft-
à-dire, la liberté de l'homme, celle du citoyen,
& celle du peuple. La liberté naturelle eft le
droit que la nature a donné à tout homme
de difpofer de foi à fa volonté. La liberté
civile eft le droit que la fociété doit garantir
à chaque citoyen de pouvoir faire tout ce
qui n'eft pas contraire aux lois. La liberté
politique eft l'état d'un peuple qui n'a point
aliéné fa fouveraineté, & qui fait fes propres
lois, ou eft affocié en partie à fa légiflation.

La premiere de ces libertés eft, après la
raifon, le caractere diftinctif de l'homme. On
enchaîne & on affujetit la brute, parce qu'elle
n'a aucune notion du jufte & de l'in-
jufte, nulle idée de grandeur & de baffeffe ;
mais en moi la liberté eft le principe de mes
vices ou de mes vertus. Il n'y a que l'homme

libre qui puiffe dire , *je veux*, ou *je ne veux pas*, & qui puiffe par conféquent être digne d'éloge ou de blâme.

Sans la liberté ou la propriété de fon corps & la jouiffance de fon efprit , on n'eft ni époux, ni pere, ni parent, ni ami : on n'a ni patrie, ni concitoyens, ni Dieu. Dans la main du méchant , inftrument de fa fcélérateffe, l'efclave eft au deffous du chien que l'Efpagnol lâchoit contre l'Américain ; car la confcience qui manque aux chiens, refte à l'homme. Celui qui abdique lâchement fa liberté, fe voue au remords & à la plus grande des miferes qu'un être penfant & fenfible puiffe éprouver. S'il n'y a fous le foleil aucune Puiffance qui puiffe changer mon organifation & m'abrutir, il n'y en a aucune qui puiffe difpofer de ma liberté. Dieu eft mon pere , & non pas mon maître : je fuis fon enfant, & non pas fon efclave. Comment accorderai-je donc au pouvoir de la Politique , ce que je refufe à la toute-puiffance divine ?

Hommes ou Démons, qui que vous foyez, oferez-vous juftifier les attentats contre mon indépendance par le droit du plus fort ? Quoi ! celui qui vient me rendre efclave, n'eft point coupable ; il ufe de fes droits ! Où font-ils ces droits ? qui leur a donné un caractere affez

sacré pour faire taire les miens ? Je tiens de
la nature le droit de me défendre ; elle ne
t'a donc pas donné celui de m'attaquer ? Que
si tu te crois autorisé à m'opprimer, parce
que tu es plus fort & plus adroit que moi,
ne te plains donc pas quand mon bras vigoureux ouvrira ton sein pour y chercher ton
cœur ; ne te plains pas lorsque, dans tes en-
trailles déchirées, tu sentiras la mort que j'y
aurai fait passer avec tes alimens. Je suis plus
fort ou plus adroit que toi ; sois à ton tour
victime, expie maintenant le crime d'avoir
été oppresseur. Mais, dit-on, dans toutes les
régions, dans tous les siecles l'esclavage s'est
plus ou moins généralement établi.

Je le veux ; mais que m'importe ce que les
autres peuples ont fait dans les autres âges ?
Est-ce aux usages des temps ou à sa conscience qu'il faut en appeler ? Est-ce l'intérêt,
l'aveuglement, la barbarie, ou la raison &
la justice qu'il faut écouter ? Si l'universalité
d'une pratique en prouvoit l'innocence, l'a-
pologie des usurpations, des conquêtes, de
toutes les sortes d'oppressions, seroit achevée.

Il n'est que trop vrai que la plupart des Nations sont dans les fers. La multitude est généralement sacrifiée aux passions de quelques
oppresseurs privilégiés. On ne connoît guere

de région où un homme puiffe fe flatter d'être maître de fa perfonne, de difpofer à fon gré de fon héritage, de jouir paifiblement des fruits de fon induftrie. Dans les contrées même les moins affervies, le citoyen, dépouillé du produit de fon travail par les befoins fans ceffe renaiffans d'un Gouvernement avide ou obéré, eft continuellement gêné fur les moyens les plus légitimes d'arriver au bonheur. Par-tout des fuperftitions extravagantes, des coutumes barbares, des lois furannées étouffent la liberté. Elle renaîtra fans doute un jour de fes cendres. A mefure que la morale & la politique feront des progrès, l'homme recouvrera fes droits. L'art de maintenir l'autorité eft un art délicat, qui demande plus de circonfpection qu'on ne penfe. Ceux qui gouvernent font trop accoutumés peut-être à méprifer les hommes ; ils les regardent trop comme des efclaves courbés par la nature, tandis qu'ils ne le font que par l'habitude. Si vous les chargez d'un nouveau poids, prenez garde qu'ils ne fe redreffent avec fureur. N'oubliez pas que le levier de la puiffance n'a d'autre appui que l'opinion ; que la force de ceux qui gouvernent n'eft réellement que la force de ceux qui fe laiffent gouverner. N'avertiffez pas les peuples, diftraits par es travaux ou endormis dans les chaînes,

de lever les yeux jusqu'à des vérités trop ré-
doutables pour vous ; & quand ils obéissent ;
ne les faites pas souvenir qu'ils ont le droit
de commander. Dès que le moment de ce
réveil sera venu, dès qu'ils auront pensé qu'ils
ne sont pas faits pour leurs Chefs, mais que
leurs Chefs sont faits pour eux ; dès qu'une
fois ils auront pu se rapprocher, s'entendre ;
& prononcer d'une voix unanime : *Nous ne
voulons pas de cette loi , cet usage nous déplaît ;*
point de milieu ; il vous faudra , par une
alternative inévitable , ou céder , ou punir ;
être foibles ou tyrans ; & votre autorité ;
désormais détestée ou avilie , quelque parti
qu'elle prenne , n'aura plus à choisir , de la
part des peuples , que l'insolence ouverte ou
la haîne cachée.

Les grandes révolutions de la liberté sont
des leçons pour les Despotes ; elles les avertissent
de ne pas compter sur une trop longue pa-
tience des peuples , & sur une éternelle im-
punité. Ainsi , quand la société & les lois
se vengent des crimes des particuliers, l'homme
de bien espere que le châtiment des coupables
peut prévenir de nouveaux crimes. La terreur
quelquefois tient lieu de justice au brigand ,
& de conscience à l'assassin.

LES FINANCES.

Jusqu'au funeste regne de Charles VI, les dépenses de la Cour n'avoient jamais passé 94,000 liv.

Mais aussi-tôt que l'épidémie des croisades eut entraîné les François loin de leurs frontieres ; aussi-tôt que des ennemis étrangers se porterent en force sur la France , il fallut des fonds réguliers & considérables. Les Rois auroient bien voulu ordonner eux-mêmes ces contributions : plus d'une fois ils le tenterent. La réclamation des gens éclairés les avertit de leurs usurpations, & les révoltes des peuples les forcerent d'y renoncer. Il fallut reconnoître que cette autorité appartenoit à la Nation assemblée, & n'appartenoit qu'à elle. Ils jurerent même à leur sacre, que ce droit sacré, inaliénable , seroit à jamais respecté ; & ce serment eut quelque force durant plusieurs siecles.

Tout le temps que la Couronne n'avoit eu d'autre revenu que le produit de son domaine , c'étoient ses Sénéchaux, ses Baillis qui , chacun dans leur département , étoient chargés du recouvrement des deniers publics. Il fallut établir un nouvel ordre de chofes , lorfque les impofitions devinrent générales dans le Royaume. Soit que les taxes portaffent fur la perfonne ou fur les maifons des citoyens ; foit qu'on leur demandât le cinquieme ou le dixieme de leurs récoltes , le cinquantieme ou le cen- tieme de leurs biens meubles & immeubles ; foit qu'on fît d'autres combinaifons plus ou moins heureufes , c'étoit une néceffité d'avoir des agens pour recueillir ces différens tributs ; & le malheur de l'Etat voulut qu'on les allât chercher en Italie , où l'art de preffurer les peuples avoit déja fait des progrès immenfes.

Ces Financiers , connus fous le nom de Lombards , ne tarderent pas à montrer un génie fertile en inventions frauduleufes.

Après leur expulfion , les Etats-Généraux , qui ordonnoient les fubfides , fe chargerent d'en faire la levée ; & cet arrangement con- tinua jufqu'à Charles V I I , qui , le premier , fe permit d'établir un impôt fans le confen- tement de la Nation , & qui s'appropria le droit de les faire tous percevoir par fes Dé- légués.

Sous le regne de Louis XII, le revenu public, qui s'étoit accru par degrés , fut porté à 7,650,000 liv. Cette fomme repréfentoit trente- fix de nos millions actuels.

A

A la mort de François Ier, le fisc recevoit 15,730,000 l. : c'étoient cinquante-six de nos millions. Sur cette somme il falloit prélever 60,416 l. 3 s. 4 d. pour les rentes perpétuelles créées par ce Prince, & qui, au denier douze, représentoient un capital de 725,000 l. : c'étoit une innovation. Ce n'est pas que quelques-uns de ses prédecesseurs n'eussent connu la funeste ressource des empruns ; mais c'étoit toujours sous la caution de leurs Agens, & l'Etat n'étoit jamais engagé.

Quarante ans de guerres civiles, de fanatisme, de déprédations, de crimes, d'anarchie, plongerent les finances du Royaume dans un désordre dont il n'y avoit qu'un Sully qui pût les tirer. Ce Ministre économe, éclairé, vertueux, appliqué, courageux, éteignit pour sept millions de rentes, diminua les impositions de trois millions, & laissa à l'Etat vingt-six millions grevés seulement de 6,025,666 liv. 2 s. 6 d. de rente, toutes charges déduites ; il entroit donc vingt millions dans le Trésor Royal. 15,500,000 liv. suffisoient pour les dépenses publiques, & les réserves étoient de 4,500,000 liv.

La retraite forcé de ce grand homme, après la fin tragique du meilleur des Rois, fut une calamité qu'il faut déplorer encore. La Cour

C

s'abandonna d'abord à des profufions qui n'avoient point d'exemple dans la Monarchie ; & les miniftres formerent, dans la fuite, des entreprifes que les forces de la Nation ne comportoient pas. Ce double principe d'une confufion certaine ruina de nouveaux le fifc. En 1661, les impofitions monterent à 84,222,096 livres ; mais les dettes abforboient 52,377,172 livres ; il ne reftoit par conféquent pour les dépenfes publiques que 31,844,924 livres, fomme évidemment infuffifante pour les befoins de l'Etat. Telle étoit l'adminiftration des finances, lorfque l'adminiftration en fut confiée à Colbert.

Ce Miniftre, dont le nom eft devenu fi fameux chez toutes les Nations, porta, en 1683 ; qui fut la derniere de fa vie, les revenus du Monarque qu'il fervoit, à 116,873,476 livres, les charges ne montoient qu'à 23,375,274 livres ; il entroit par conféquent dans les coffres du Roi, 93,498,202 livres. La funefte paffion de Louis XIV pour la guerre, fon goût défordonné pour toutes les dépenfes qui avoient de l'éclat, priverent la France des avantages qu'elle pouvoit fe promettre d'un fi grand Adminiftrateur.

Après la mort de Colbert, les finances, adminiftrées fans ordre & fans principes, fu-

rent la proie d'une foule de Traitans avides,
qui fe rendirent néceffaires par leur brigan-
dage même, & parvinrent à donner la loi au
Gouvernement.

Le difcrédit devint bientôt univerfel. Les
banqueroutes fe multiplierent. L'argent dif-
parut, le commerce fut anéanti, les confommations diminuerent. On négligea la culture des terres. Les contrats fur l'Hôtel-
de-Ville ne fe vendoient que la moitié de
leur valeur. Louis XIV, fur la fin de fes jours,
eut un befoin preffant de huit millions ; il fut
obligé de les acheter par trente-deux millions
de refcriptions. C'étoit emprunter à quatre
cents pour cent.

L'Etat avoit, il eft vrai, 115,389,074 liv.
de revenu ; mais les charges en emportoient
82,859,504 liv. ; & il ne reftoit pour les dépenfes du Gouvernement que 32,529,570 l., à
30 l. 10 f. 6 d. le marc. Encore ces fonds étoient-
ils confommés d'avance pour plus de trois années.

Lorfque le Duc d'Orléans prit les rênes du
Gouvernement, fes vrais amis défiroient qu'il
affemblât les Etats Généraux : c'étoit un moyen
infaillible de conferver, d'augmenter même
la faveur publique, alors ouvertement déclarée
pour lui. Philippe fe prêtoit fans effort à cet
expédient. Malheureufement, les perfides con-

fidens qui avoient ufurpé trop d'empire fur fes penfées, réprouverent un projet où leurs intéréts particuliers ne fe trouvoient pas. Il fut abandonné.

Alors quelques Grands, révoltés du defpotifme fous lequel gémiffoit la France , & ne voyant point de jour à l'ébranler, eurent l'idée d'une banqueroute entiere , qu'ils croyoient propre à tempérer l'excès du pouvoir abfolu.

Le Régent, après quelques irréfolutions , fe refufa à une violence qu'il jugeoit devoir imprimer une tache ineffaçable fur fon adminiftration. Il préféra un examen févere des engagemens publics à une banqueroute flétriffante , dont il croyoit pouvoir éviter l'éclat. Le célebre Law vint à fon fecours, & la France eut l'efpoir , aveuglément conçu , d'obtenir le rétabliffement de la fortune publique par fes lumieres.

La machine politique fembla marcher; mais fes mouvemens, ni faciles ni réguliers, annonçoient une nouvelle chute.

De quelque maniere que fuffent depuis adminiftrées les finances du Royaume, elles ne fe trouverent jamais fuffifantes pour les dépenfes qu'on fe permettoit. Inutilement on multiplioit les impôts : les befoins, les fantaifies , les déprédations augmentoient encore davantage ; & le fifc s'obéroit toujours. A fa mort de Louis XV, le revenu public s'élevoit à 375,331,874 livres ; mais les engagemens , malgré cette foule de banqueroutes qu'on s'étoit permifes, montoient à 190,858,531 liv. Il ne reftoit donc de libre que 184,473,343 livres. Les dépenfes de l'Etat exigeoient 210,000,000 de l. C'étoit, par conféquent, un vide de 25,526,657 liv. dans le Tréfor de l'Etat.

La Nation comptoit fur un meilleur ufage des revenus public dans le nouveau regne. Ses efpérances avoient pour bafe l'amour de l'ordre , le dédain du fafte , l'efprit de juftice , ces autres vertus fimples & modeftes qui parurent fe raffembler autour du Trône, lorfque Louis XVI y monta.

SUR LES IMPOTS.

LEs membres d'une Confédération doivent tous contribuer à fa défenfe & à fa fplendeur, felon l'étendue de leurs facultés , puifque ce n'eft que par la force publique que chaque claffe peut conferver l'entiere & paifible jouiffance de ce qu'elle poffede. L'indigent y a fans doute moins d'intérêt que le riche : mais il

y a d'abord l'intérêt de fon repos, & enfuite
celui de la confervation de la richeffe natio-
nale, qu'il eft appelé à partager par fon induftrie. Point de principe focial plus evident;
& cependant point de faute politique plus
commune que fon infraction. D'où peut naître cette contradiction perpétuelle contre les
lumieres & la conduite des Gouvernemens ?
Du vice de la Puiffance légiflative, qui
exagere l'entretien de la force publique, &
ufurpe, pour fes fantaifies, une partie des
fonds deftinés à cet entretien. L'or du Com-
merçant, du Laboureur, la fubfiftance du
pauvre, arrachés dans les campagnes & dans les
villes, au nom de l'Etat, proftitués dans les
Cours à l'intérêt & au vice, vient groffir le
fafte d'une troupe d'hommes qui flattent, haïf-
fent, & corrompent leur Maître ; vont, dans
des mains plus viles encore, payer le fcan-
dale & la honte de fes plaifirs. On le pro-
digue pour un appareil de grandeur, vaine
décoration de ceux qui ne peuvent avoir de
grandeur réelle ; pour des fêtes, reffource de
l'oifiveté impuiffante au milieu des foins &
des travaux que demanderoit un Empire à
gouverner. Une portion, il eft vrai, fe donne
aux befoins publics : mais l'incapacité dif-
traite les applique fans jugement comme fans

économie. L'autorité trompée , & qui ne
daigne pas même cesser de l'être , souffre dans
l'impôt une distribution injuste, une perception
qui n'est elle-même qu'une oppression de plus.
Alors tout sentiment patriotique s'éteint. Il
s'établit une guerre entre le Prince & les
sujets. Ceux qui levent les revenus de l'Etat
ne paroissent plus que les ennemis du citoyen.
Il défend sa fortune de l'impôt , comme il
la défendroit d'une invasion. Tout ce que la
ruse peut dérober à la force , paroît un gain
légitime ; & les sujets , corrompus par le
Gouvernement , usent de représailles envers
un Maître qui les pille. Il ne s'aperçoivent
pas que dans ce combat inégal , ils sont eux-
mêmes dupes & victimes. Le fisc insatiable
& ardent , moins satisfait de ce qu'on lui
donne , qu'irrité de ce qu'on lui refuse, poursuit
avec cent mains ce qu'une seule ose lui dérober. Il joint l'activité de la puissance à
celle de l'intérêt. Les vexations se multiplient.
Elles se nomment châtiment & justice ; & le
monstre qui appauvrit tous ceux qu'il tour-
mente , rend grace au ciel du nombre des
coupables qu'il punit , & des délits qui l'en-
richissent. Heureux le Souverain qui, pour
prévenir tant d'abus, ne dédaigneroit pas de

rendre à fon peuple un compte fi fidèle de
l'emploi des fommes qu'il en exigeroit!

Comment établir un impôt ? L'affeoira-
t-on fur des Déclarations ? Mais il faudroit
entre le Monarque & les fujets une confcience
morale qui les liât l'un à l'autre par un mu-
tuel amour du bien général , ou du moins
une confcience publique qui les raffurât l'un
envers l'autre par une communication fincere
& réciproque de leurs lumieres & de leurs
fentimens. Or comment établir cette confcience publique , qui ferviroit de flambeau,
de guide, & de frein dans la marche des Gouvernemens ? Percera-t-on dans le fanctuaire
des familles , dans le cabinet du citoyen ,
pour furprendre & mettre au jour ce qu'il ne
veut pas révéler , ce qui lui importe même
fouvent de ne pas révéler ? Quelle inquifi-
tion ! quelle violence révoltante ! Quand
même on parviendroit à connoître les ref-
fources de chaque particulier, ne varient-elles
pas d'une année à l'autre avec les produits
incertains & précaires de l'induftrie ? Ne di-
minuent-elles pas avec la multiplication des
enfans , avec le dépériffement des forces par
les maladies , par l'âge , & par le travail ?
Les facultés de l'humanité , utiles & labo-
rieufes, ne changent-elles pas avec les vicif-

fitudes que le temps apporte dans tout ce qui dépend de la nature & de la fortune ? La taxe perfonnelle eft donc une vexation individuelle fans utilité commune? La capitation eft un efclavage affligeant pour l'homme, fans profit pour l'Etat.

Après s'être permis l'impôt, qui eft la preuve du defpotifme, ou qui y conduit un peu plus tôt, un peu plus tard, on s'eft jeté fur les confommations. Les Souverains ont affecté de regarder ce nouveau tribut comme volontaire en quelque forte, puifque fa quantité dépend des dépenfes que tout citoyen eft libre d'augmenter ou de diminuer au gré de fes facultés & de fes goûts, la plupart factices.

Mais fi la taxe porte fur les denrées du premier befoin, c'eft le comble de la cruauté. Avant toutes les lois fociales, l'homme avoit le droit de fubfifter. L'a-t-il perdu par l'établiffement des lois ? Survendre au peuple les fruits de la terre, c'eft les lui ravir; c'eft attaquer le principe de fon exiftence que de le priver, par un impôt, des moyens de la conferver. En preffurant la fubfiftance de l'indigent, l'Etat lui ôte les forces avec les alimens. D'un homme pauvre, il fait un mendiant; d'un travailleur, un oifif; d'un mal-

heureux, un fcélérat : c'eft-à-dire, qu'il conduit un famélique à l'échafaud par la mifere.

Si la taxe porte fur des denrées moins néceffaires, que de bras, perdus pour l'Agriculture & les Arts, font employés, non pas
à garder les boulevarts de l'Empire, mais à
hériffer un Royaume d'une infinité de petites
barrieres ; à embarraffer les portes des villes ;
à infefter les chemins & les paffages du commerce ; à fureter dans les caves, dans les
greniers, dans les magafins ! Quel état de
guerre entre le Prince & le peuple, entre le
citoyen & le citoyen ! que de prifons, de
galeres, de gib ts, pour une foule de malheureux qui ont été pouffés à la fraude, à
la contrebande, à la révolte, même par l'ini-
quité des lois fifcales !

Quelle eft la forme d'impofition la plus
propre à concilier les intérêts publics avec les
droits des citoyens? C'eft la taxe fur la terre.
Un impôt eft une dépenfe qui fe renouvelle
tous les ans pour celui qui en eft chargé. Un
impôt ne peut donc être affis que fur un revenu annuel; car il n'y a qu'un revenu annuel
qui puiffe acquitter une dépenfe annuell . Or
on ne trouvera jamais de revenu annuel, que
celui des terres. Il n'y a qu'elles qui reftituent
chaque année les avances qui leur font faites,

& de plus un bénéfice dont il foit poffible
de difpofer. On commence, depuis long-temps,
à foupçonner cette importante vérité. De bons
efprits la porteront un jour à la démonftration ;
& le premier Gouvernement qui en fera la
bafe de fon adminiftration, s'élevera néceffairement à un degré de profpérité inconnue à
toutes les Nations & à tous les fiecles.

Pour que rien ne puiffe diminuer les avantages de cette heureufe innovation, il faudra
que toutes les terres, indiftinctement, foient af-
fujetties à l'impôt. Le bien public eft un tréfor
commun, dans lequel chaque citoyen doit dé-
pofer fes tributs, fes fervices, & fes talens.
Jamais des noms & des titres ne changeront
la nature des hommes & des poffeffions. Ce
feroit le comble de la baffeffe & de la folie
de faire valoir les diftinctions qu'on a reçues
de fes peres, pour fe fouftraire aux charges
de la fociété. Toute prééminence qui ne tour-
neroit pas au profit général, feroit deftruc-
tive ; elle ne peut être jufte qu'autant qu'elle
eft un engagement formel de dévouer plus
particulierement fa fortune & fa vie au fervice
de la patrie.

Si de nos jours, pour la premiere fois, les
terres étoient impofées, ne jugeroit-on pas
néceffairement que la contribution doit être

proportionnée à l'étendue & à la fertilité des possessions ? Quelqu'un oseroit-il alléguer ses plans, ses services, ses dignités, pour se soustraire aux tributs qu'exige le service public ? Qu'ont de commun les taxes avec les rangs, les titres, & les conditions ? Elles ne touchent qu'aux revenus ; & ces revenus sont à l'Etat, dès qu'ils sont nécessaires à sa défense.

Un cadastre qui mesureroit avec soin les terres, qui apprécieroit avec équité leur valeur, seroit le seul moyen capable d'opérer la plus heureuse des révolutions. On n'a que rarement, qu'imparfaitement appliqué un principe si simple & si lumineux. Il faut espérer que cette belle institution, quoique vivement repoussée par le crédit & par la corruption, sera perfectionnée dans les Etats où elle a été adoptée, & qu'elle sera introduite dans les Empires où elle n'existe pas encore. Le Monarque qui signalera son regne par ce grand bienfait, sera béni pendant sa vie ; il laissera un nom cher à la postérité, & sa félicité s'étendra au delà des siecles, si, comme on n'en peut douter, il existe un Dieu rénumérateur.

Pour que les taxes ne soient jamais excessives, il faut qu'elles soient ordonnées, réglées, & administrées par les représentans des Nations. L'impôt a toujours dépendu de la pro-

priété. N'eſt pas maître du champ, qui ne
l'eſt pas du fruit. Auſſi, chez tous les peuples,
les tributs ne furent-ils établis, dans leur
origine, ſur les propriétaires, que par eux-
mêmes, ſoit que les terres fuſſent réparties
entre les Conquérans, ſoit que le Clergé les
eût partagées avec la Nobleſſe, ſoit qu'elles euſ-
ſent paſſé, par le commerce & l'induſtrie, entre
les mains de la plupart des citoyens; par-tout,
ceux qui les poſſédoient avoient conſervé le droit
naturel, inaliénable & ſacré, de n'être point
taxés ſans leur conſentement. Otez ce principe, il n'y a plus de Monarchie, il n'y a plus
de Nation, il ne reſte qu'un Deſpote & un
troupeau d'eſclaves.

Peuples, ſi les Rois ordonnent aujour-
d'hui ce qu'ils veulent, reliſez votre Hiſtoire:
vous verrez que vos aïeux s'aſſembloient,
qu'ils délibéroient toutes les fois qu'il s'agiſ-
ſoit d'un ſubſide. Si l'uſage en eſt paſſé, le
droit n'en eſt pas perdu; il eſt écrit dans
le ciel, qui a donné la terre à tout le genre
humain pour la poſſéder; il eſt écrit ſur ce
champ que vous avez pris la peine d'enclore
pour vous en aſſurer la jouiſſance; il eſt écrit
dans vos cœurs, où la Divinité a imprimé
l'amour de la liberté. Cette tête élevée vers
les cieux n'eſt pas faite à l'image du Créa-

teur, pour se courber devant un homme, aucun n'est plus qu'un autre, que par le choix, que de l'aveu de tous. Gens de Cour, votre grandeur est dans vos terres, & non pas aux pieds d'un maître. Soyez moins ambitieux, vous serez plus riches. Allez rendre la justice à vos vassaux, & vous augmenterez votre fortune en augmentant la masse du bonheur commun. Que gagnez-vous à élever l'édifice du despotisme sur les ruines de toute espece de liberté, de vertu, de sentiment, de propriété ? Songez qu'il vous écrasera tous. Autour de ce colosse de terreur, vous n'êtes que des figures de bronze, qui représentent les Nations enchaînées aux pieds d'une statue.

Si le Prince a seul le droit des tributs, quoiqu'il n'ait pas intérêt à surcharger, à vexer les peuples, ils seront surchargés & vexés. Les fantaisies, les profusions, les entreprises du Souverain ne connoîtront plus de bornes, dès qu'elles ne trouveront plus d'obstacle. Bientôt une politique fausse & cruelle lui persuadera que des sujets riches deviennent toujours insolens ; qu'il faut les ruiner pour les asservir, & que la pauvreté est le rempart le plus assuré du Trône. Il ira jusqu'à croire que tout est à lui, rien à ses esclaves,

& qu'il leur fait grace de tout ce qu'il leur laiſſe.

Le Gouvernement s'emparera de toutes les avenues & les iſſues de l'induſtrie , pour la traire à l'entrée & à la ſortie , pour l'épuiſer dans ſa route. Le commerce n'obtiendra de circulation que par l'entremiſe & au profit de l'Adminiſtration fiſcale. La culture ſera négligée par des mercenaires qui ne peuvent jamais eſpérer de propriété. La Nobleſſe ne ſervira & ne combattra que pour une ſolde. Le Magiſtrat ne jugera que pour des eſpeces, & pour des gages. Les Négocians mettront leur fortune à couvert, pour la tranſporter hors d'un pays où il n'y a plus de patrie , ni de ſûreté. La Nation , n'étant plus rien , prendra de l'indifférence pour ſes Rois ; ne verra ſes ennemis que dans ſes Maîtres ; eſpérera quelquefois un adouciſſement de ſervitude dans un changement de joug ; attendra ſa délivrance d'une révolution , & ſa tranquillité d'un bouleverſement.

SUR LA JUSTICE.

Lᴇꜱ Nations les plus policées n'en ſont pas

encore venues jufqu'à connoître le prix de
l'homme ; témoins la multitude des peines ca-
pitales infligées par-tout, & pour des délits
affez frivoles. Il n'y a pas d'apparence que
des Nations, où l'on condamne à la mort
une jeune fille de dix-huit ans, qui pourroit
être mere de cinq ou fix enfans, un homme
fain & vigoureux, de trente ans, pour le
vol d'une piece d'argent, aient médité fur
ces tables de la probabilité de la vie humaine,
qu'ils ont fi favamment calculées, puifqu'elles
ignorent combien la cruauté de la nature im-
mole d'individus, avant que d'en amener un
à cet âge. On répare, fans s'en douter, un
petit dommage fait à la fociété par un plus
grand. Par la févérité du châtiment, on pouffe
le coupable du vol à l'affaffinat. Quoi donc !
eft-ce que la main qui a brifé la ferrure d'un
coffre-fort n'eft plus bonne qu'à être coupée ?
Quoi donc ! parce qu'un débiteur infidèle ou
indigent n'eft pas en état de s'acquitter,
faut-il le réduire à l'inutilité pour la fociété,
à l'infolvabilité pour vous, en le renfermant
dans une prifon? Ne conviendroit-il pas mieux
à l'intérêt public & au vôtre, qu'il fît quelque ufage de fon induftrie & de fes talens,
fauf à l'action que vous avez légitimement
intentée contre lui, à le fuivre par-tout, &

à

à s'y faisir d'une portion de son lucre, fixée par quelque sage loi ? Que gagne le créancier cruel, qui, tourmenté de son avarice & de sa vengeance, aime mieux tenir son malheureux débiteur dans les fers, couché sur de la paille, & l'y nourrir de pain & d'eau, que de le rendre à la liberté ?

SUR LA TOLÉRANCE.

Tous les cultes partent d'un tronc commun, qui subsiste & qui subsistera à jamais, sans qu'on ose l'attaquer, sans qu'on puisse prévoir la nature des branches qu'il repoussera, sans qu'il soit permis d'espérer d'en arracher une seule qu'avec effusion de sang. Il y auroit peut-être un remede, ce seroit une si parfaite indifférence des Gouvernemens, que, sans aucun égard à la diversité des cultes, les talens & la vertu conduisent seuls aux places de l'Etat & aux faveurs du Souverain. Alors peut-être les différentes Eglises se réduiroient à des différences insignifiantes d'école. Le Catholique & le Protestant vivroient aussi paisiblement, l'un à côté de l'autre, que le Cartésien & le Newtonien. Nous disons peut-

D

être , parce qu'il n'en eſt pas des matieres de
religion, ainſi que des matieres de philoſophie.
Le défenſeur du plein & du vide ne croit ni
offenſer, ni honorer Dieu par ſon ſyſtême. Le
plus zélé ne compromettroit , pour ſa défenſe
ou ſa propagation, ni ſon repos, ni ſon hon-
heur, ni ſa fortune, ni ſa vie. Qu'il perſiſte
dans ſon opinion, ou qu'il l'abandonne, on
ne l'appellera point apoſtat. Ses leçons ne ſeront
point traitées d'impiétés & de blaſphêmes,
comme il arrive dans les diſputes de religion,
où l'on croit la gloire de Dieu intéreſſée, où
l'on tremble pour ſon ſalut à venir , & pour
la damnation éternelle des ſiens; où ces con-
ſiderations ſanctifient les forfaits, & réſignent
à tous les ſacrifices.

Que faire donc ? Faut-il , à l'exemple d'un
peuple innocent & ſimple , qui voyoit l'em-
brâſement religieux prêt à gagner ſa paiſible
contrée, défendre de parler de Dieu , ſoit
en bien , ſoit en mal ? Non, certes. La loi
d'un ſilence qu'on ſe feroit un crime d'ob-
ſerver , ne ſeroit que de l'huile jetée ſur le
feu. Faut-il laiſſer diſputer ſans s'en mêler ?
Ce ſeroit le mieux ſans doute ; mais ce mieux-
là ne ſera point ſans inconvéniens, tant que
les premieres années de nos enfans ſeront con-
fiées à des hommes qui leur feront ſucer , avec

le lait, le poiſon du fanatiſme dont ils ſont
enivrés. Et quand les peres deviendroient les
ſeuls Inſtituteurs religieux de leurs enfans,
n'y auroit-il plus de déſordre à craindre? J'en
doute. Encore une fois, que faire donc? Sans
ceſſe parler de l'amour de nos ſemblables. On lit
de l'île de Ternate, que les Prêtres y étoient
muets. Il y avoit un temple, au milieu du temple
une pyramide, & ſur cette pyramide, *adore
Dieu, obſerve les lois, aime ton prochain.* Le
temple s'ouvroit un jour de la ſemaine. Les
Inſulaires s'y rendoient. Tous ſe proſternoient
devant la pyramide; le prêtre, debout à côté,
en ſilence, montroit, de l'extrémité de ſa
baguette, l'inſcription. Les peuples ſe rele-
voient, ſe retiroient, & les portes du temple
ſe refermoient pour huit jours. J'aſſurerois bien
qu'il n'eſt mention, dans les annales de cette
île, ni de diſputes, ni de guerres de religion.
Mais où verra t-on jamais un Miniſtere indiffé-
rent, un cathéchiſme auſſi court, & un Prêtre
muet? Par-tout un Miniſtere intolérant, un
catéchiſme compliqué, & un Prêtre qui
parle.

Le premier devoir d'une Adminiſtration ſage
eſt de ménager les opinions dominantes dans
un pays; car les opinions ſont la propriété
la plus chere des peuples, propriété plus chere

que leur fortune même. Elle peut travailler
fans doute à les rectifier par les lumieres, à
les changer par la perfuafion, fi elles dimi-
nuent les forces de l'Etat; mais il n'eft pas
permis de les contrarier fans néceffité ; c'eft
un genre d'oppreffion & de tyrannie particulier à la Politique moderne , que celui qui
s'exerce fur les penfées & les confciences ;
que cette piété cruelle, qui, pour des formes
extérieures de culte, anéantit, en quelque
forte, Dieu même, en détruifant une multitude de fes adorateurs; que cette impiété,
plus barbare encore , qui , pour des chofes
auffi indifférentes que doivent paroître les céré-
monies de religion , anéantit une chofe auffi
effentielle que doit l'être la vie des hommes
& la population des Etats. Car on n'augmente
point le nombre ni la fidélité des fujets, en
exigeant des fermens contraires à la confcience ,
en contraignant à des parjures fecrets ceux
qui s'engagent dans les liens du mariage ou
dans les diverfes profeffions du citoyen. L'unité
de religion n'eft bonne que lorfqu'elle fe trouve
naturellement établie par la perfuafion. Dès
que la conviction ceffe, un moyen de rendre
aux efprits la tranquillité , eft de leur laiffer
la liberté. Lorfqu'elle eft égale, pleine, & en-

tiere pour tous les citoyens, elle ne peut jaˢ
mais troubler les familles.

SUR LES CORVÉES.

IL fut un temps en Europe (c'étoit celui du
Gouvernement féodal), où les métaux n'en-
troient guere dans les ſtipulations publiques
ou particulieres. Les Nobles ſervoient l'Etat,
non de leur bourſe, mais de leur perſonne ; &
ceux de leurs vaſſaux qu'ils s'étoient ap-
propriés par la conquête, leur payoient des
redevances, ſoit en denrées, ſoit en travaux.
Ces uſages, deſtructifs pour les hommes &
pour les terres, devoient perpétuer la barbarie dont ils tiroient leur origine ; mais enfin
ils tomberent par degré, à meſure que l'autorité des Rois, ſous l'appât de l'affranchiſ-
ſement des peuples, vint à ſaper l'indépendance & la tyrannie des grands. Le Prince,
devenu ſeul Maître, abolit, comme Magiſtrat,
quelques abus nés du droit de la guerre, qui
détruit tous les droits. Il conſerva cependant
beaucoup de ces uſurpations conſacrées par
le temps. Celle des corvées s'eſt maintenue
en quelques Etats, où la Nobleſſe a preſque

tout perdu, fans que le peuple y ait rien gagné. La France voit encore fon aifance gênée par cette fervitude publique, dont on a réduit l'injuftice en méthode, comme pour lui donner une ombre d'équité.

Qui croiroit que fous le fiecle le plus éclairé de cette Nation, au temps où les droits de l'homme avoient été le plus févérement difcutés, lorfque les principes de la morale naturelle n'avoient plus de contradicteurs, fous le regne d'un Roi bienfaifant, fous des Miniftres humains, fous des Magiftrats integres, on ait prétendu qu'il étoit dans l'ordre de la juftice, & felon la forme conftitutive de l'Etat, que des malheureux qui n'ont rien fuffent arrachés de leurs chaumieres, diftraits de leur repos ou de leurs travaux, eux, leurs femmes, leurs enfans & leurs animaux, pour aller, après de longues fatigues, s'épuifer en fatigues nouvelles, à conftruire des routes encore plus faftueufes qu'utiles, à l'ufage de ceux qui poffedent tout, & cela, fans folde & fans nourriture.

SUR L'AGRICULTURE.

L'INTÉRÊT du Gouvernement eft de favorifer les Cultivateurs avant toutes les claffes oiseuses de la société. La Nobleffe n'est qu'une distinction odieuse, quand elle n'est pas fondée sur des services réels & vraiment utiles à l'Etat, comme celui de défendre la Nation contre les invafions de la conquête & contre les entreprifes du defpotifme. Elle n'est que d'un fecours précaire & fouvent ruineux, quand, après avoir mené une vie molle & licencieufe dans les villes, elle va prêter une foible défenfe à la Patrie fur les flottes & dans les armées, revient à la Cour mendier, pour récompenfe de fes lâchetés, des places & des honneurs outrageans & onéreux pour les peuples. Le Clergé n'est qu'une profeffion au moins ftérile pour la terre, lors même qu'il s'occupe à prier; mais quand, avec des mains fcandaleufes, il prêche une doctrine que fon exemple & fon ignorance rendent doublement incroyable, impraticable; quand, après avoir déshonoré, décrié, renverfé la religion par un tiffu d'abus, de fophifmes, d'injuftices, & d'ufurpations, il veut l'étayer par la perfécution; alors ce Corps privilégié, pareffeux, & turbulent, devient le plus cruel ennemi de l'Etat & de la Nation. Il ne lui refte de fain & de refpectable que cette claffe de Pafteurs, la plus avilie & la plus furchargée,

D 4

qui, placée parmi les peuples des campagnes, travaille, édifie, conseille, console, & soulage une multitude de malheureux.

Les Cultivateurs méritent la préférence du Gouvernement, même sur les Manufactures & Arts, soit mécaniques, soit libéraux. Honorer, protéger les Arts de luxe, sans songer aux campagnes, sources de l'industrie, qui les a créés & les soutient, c'est oublier l'ordre des rapports de la nature & de la société. Favoriser les Arts, & négliger l'Agriculture, c'est ôter les pierres des fondemens d'une pyramide, pour en élever le sommet.

Si j'avois un homme qui me produisît deux épis de blé au lieu d'un, disoit un Monarque, je le préférerois à tous les génies politiques. Pourquoi faut-il que ce Roi, que ce mot ne soient qu'une fiction du Philosophe Swift? Mais une Nation qui produisit de tels Ecrivains, devoit réaliser cette belle sentence. Elle établit & perfectionna l'Agriculture par des honneurs & des prix aux Cultivateurs. Une médaille fut frappée & adjugée au Duc de Bedfort, avec cette inscription, *Pour avoir semé du gland.* C'est que le travail est le premier devoir de l'homme, & que le premier travail est celui de la terre.

PRÊTRES.

LE monde eſt trop éclairé pour ſe repaître plus long-temps d'incompréhenſibilités qui répugnent à la raiſon, ou pour donner dans des menſonges merveilleux , qui, communs à toutes les religions, ne prouvent pour aucune.

Prêtres, ſimplifiez votre doctrine, purgez-la d'abſurdités. Revenez à une morale praticable & ſociale. Paſſez de la réforme de votre théologie à celle de vos mœurs. Puiſque vous jouiſſez des prérogatives de la ſociété, partagez-en le fardeau. N'objectez plus vos immunités aux tentatives d'un Miniſtere équitable qui ſe propoſeroit de vous ramener à la condition générale des citoyens. Votre intolérance & les voies odieuſes par leſquelles vous avez acquis & vous entaſſez encore richeſſe ſur richeſſe , ont fait plus de mal à vos opinions que tous les raiſonnemens de l'incrédulité. Si vous euſſiez été les pacificateurs des troubles publics & domeſtiques , les avocats du pauvre , les appuis du perſécuté, les médiateurs entre l'époux & l'épouſe,

entre les peres & les enfans, entre les citoyens, les organes de la loi, les amis du
Trône, les coopérateurs du Magiftrat ; quelque abfurdes qu'euffent été vos dogmes, on
fe feroit tu : perfonne n'eût ofé attaquer une
claffe d'hommes fi utiles & fi refpectables. Vous
avez divifé l'Europe par des futilités, toutes
les contrées on fumé de fang ; & pourquoi ?
On rougit à préfent d'y penfer. Voulez-vous
reftituer à votre Miniftere fa dignité ? Soyez
humbles, foyez indulgens, foyez même pau-
vres s'il le faut. Votre Fondateur le fut. Ses
Apôtres, fes Difciples, les Difciples de ceux-
ci, qui convertirent tout le monde connu,
le furent auffi. Ne foyez ni charlatans, ni
hypocrites, ni fimoniaques ou marchands
de chofes que vous donnez pour faintes. Tâchez
de devenir Prêtres, c'eft-à-dire, les Envoyés
du Très-Haut, pour prêcher aux hommes les
vertus, & pour leur en montrer des exemples.

Quelques Politiques ont avancé que le Gouvernement ne devroit jamais fixer de revenus
aux Eccléfiaftiques ; les fecours fpirituels qu'ils
offrent feront, difent-ils, payés par ceux qui
réclameront leur miniftere. Cette méthode re-
doublera leur vigilance & leur zele : leur ha-
bileté pour la conduite des ames s'accroîtra
chaque jour par l'expérience, par l'étude &

l'application. Ces hommes d'Etat ont été contredits par des Philosophes qui ont prétendu qu'une économie dont le but ou l'effet augmenteroit l'activité du Clergé, seroit funeste au repos public ; & qu'il valoit mieux endormir ce Corps ambitieux dans l'oisiveté, que de lui donner de nouvelles forces. N'observe-t-on pas, ajoutent-ils, que les églises ou les maisons religieuses sans rente fixe, sont des magasins de superstition à la charge du bas peuple ? N'est-ce pas là que se fabriquent les Saints, les miracles, les reliques, toutes les inventions dont l'imposture a accablé la religion ? Le bien des Empires veut que le Clergé ait une subsistance assurée, mais si modique, qu'elle borne nécessairement le faste du Corps & le nombre des membres. La misere le rend fanatique, l'opulence le rend indépendant ; l'un & l'autre rendent séditieux.

Ainsi le pensoit du moins un Philosophe qui disoit à un grand Monarque : « Il est dans » vos Etats un Corps puissant, qui s'est ar- » rogé le droit de suspendre le travail de vos » sujets autant de fois qu'il lui convient de » les appeler dans ses temples. Ce Corps est » autorisé à leur parler cent fois dans l'année, » & à leur parler au nom de Dieu. Ce Corps » leur prêche que le plus puissant des Sou-

» verains eft auffi vil , devant l'Être des êtres,
» que le dernier des efclaves. Ce Corps leur
» enfeigne qu'étant l'organe du Créateur de
» toutes chofes, il doit être cru de préfé-
» rence aux Maîtres du monde ». Quelles
doivent être les fuites naturelles d'un pareil
fyftéme ? De menacer la fociété de troubles
interminables , jufqu'à ce que les Miniftres de
la religion foient dans la dépendance abfolue
du Magiftrat ; & ils n'y tomberont efficace-
ment, qu'autant qu'ils tiendront de lui leur
fubfiftance. Jamais on n'établira de concert
entre les oracles du ciel & les maximes du
Gouvernement, que par cette voie. C'eft
l'ouvrage d'une adminiftration prudente, que
d'amener , fans troubles & fans fecouffes, le
Sacerdoce à cet état, où, fans obftacles pour
le bien , il fera dans l'impuiffance de faire
le mal.

SUR LE CÉLIBAT DES MOINES.

Une foule d'êtres vivent dans une forte de
fociété qui fépare à jamais les deux fexes.
L'un & l'autre ifolés dans des cellules , où,

pour être heureux, ils n'auroient qu'à se réunir, consument les plus beaux jours de leur vie à étouffer & à détester le penchant qui les attire à traverser les prisons & les portes de fer que la peur a élevées entre des cœurs tendres & des ames innocentes. Où est l'impiété, sinon dans l'inhumanité de ces institutions sombres & féroces, qui dénaturent l'homme pour le diviniser, qui le rendent stupide, imbécille, & muet comme les bêtes, pour qu'il devienne semblable aux Anges ? Dieu de la nature, c'est à ton tribunal qu'il faut en appeler de toutes les lois qui violent le plus beau de tes ouvrages, en le condamnant à une stérilité que ton exemple désavoue ! N'es tu pas essentiellement fécond & reproductif, toi qui as tiré l'être du néant & du chaos, toi qui fais sans cesse sortir & renaître la vie du sein de la mort même ? Qui est-ce qui chante le mieux tes louanges, l'être solitaire qui trouble le silence de la nuit pour te célébrer parmi les tombeaux, ou le peuple heureux, qui, sans se vanter de la gloire de te connoître, te glorifie dans ses amours, en perpétuant la suite & la merveille de tes créatures vivantes ?

Les Moines ne furent pas toujours des hommes corrompus par l'oisiveté, par l'in-

trigue , par la débauche. Des foins utiles rem-
plissoient tous les inftans d'une vie édifiante
& retirée. Les plus humbles , les plus ro-
buftes d'entre eux partageoient avec leurs
ferfs les travaux de l'agriculture. Ceux à qui
la nature avoit donné ou moins de force ou
plus d'intelligence , recueilloient dans des
ateliers les arts fugitifs & abandonnés. Les
uns & les autres fervoient , dans le filence
& la retraite , une Patrie dont leurs fuccef-
feurs n'ont jamais ceffé de dévorer la fubf-
tance , de troubler la tranquillité.

L'opinion fit les Moines , l'opinion les dé-
truira. Leurs biens refteront dans la fociété
pour y engendrer des familles. Toutes les
heures perdues à des prieres fans ferveur
feront confacrées à leur deftination primitive , qui eft le travail. Le Clergé fe fou-
viendra que dans fes livres facrés , Dieu dit
à l'homme innocent, *croiffez & multipliez*; que
Dieu dit à l'homme pécheur, *laboure & travaille.* Si les fonctions du facerdoce femblent
interdire aux Prêtres les foins d'une famille &
d'une terre , les fonctions de la focieté pref-
crivent encore plus hautement le célibat. Si
les Moines défricherent autrefois les déferts
qu'ils habitoient , ils dépeuplent aujourd'hui
les villes où ils fourmillent. Si le Clergé a

vécu des aumônes du peuple, il réduit à
fon tour les peuples à l'aumône. Parmi les
claffes oifeufes de la fociété, la plus nuifible
eft celle qui, par fes principes, doit porter
tous les hommes à l'oifiveté; qui confume à
l'autel & l'ouvrage des abeilles, & le falaire
des ouvriers; qui allume durant le jour les
lumieres de la nuit, & fait perdre dans les
temples le temps que l'homme doit aux
foins de fa maifon; qui fait demander au ciel
une fubfiftance que la terre feule donne ou
rend au travail.

L'INJUSTICE DES PEUPLES CONTRE LES MINISTRES.

ON fronde avec amertume les fauffes opérations du Gouvernement; & lorfqu'il lui arrive par hafard d'en faire une bonne, on garde
le filence. Peuples, dites-moi, eft-ce donc
la reconnoiffance que vous devez à ceux qui
s'occupent de votre bonheur ? Cette efpece
d'ingratitude eft-elle bien propre à les attacher
à leur pénible devoir ? eft-ce ainfi que vous
les engagerez à les remplir avec diftiction ?
Si vous voulez qu'ils foient attentifs au mur-
mure de votre mécontentement, lorfqu'ils

vous vexent, que les cris de votre joie frappent leurs oreilles avec éclat, lorsque vous en êtes soulagés. A-t-on allégé le fardeau de l'impôt ? illuminez vos maisons; sortez en tumulte, remplissez vos temples & vos rues ; allumez des bûchers, chantez & dansez à l'entour ; prononcez avec alégresse, bénissez le nom de votre bienfaiteur. Quel est celui d'entre les Administrateurs de l'Empire, qui ne soit flatté de cet hommage ? Quel est celui qui se résoudra, soit à sortir de place, soit à mourir sans l'avoir reçu ? quel est celui qui ne désirera pas d'augmenter le nombre de ces especes de triomphes ? Quel est celui dont les petits-fils n'entendront pas dire avec un noble orgueil : « son aïeul » fit allumer quatre fois, cinq fois les feux » pendant la durée de son administration » ? Quel est celui qui n'ambitionnera pas de laisser à ses descendans cette sorte d'illustration ? Quel est celui sur le marbre funéraire duquel on oseroit annoncer le poste qu'il occupa pendant sa vie, sans faire mention des fêtes publiques que vous célébrâtes en son honneur ? Cette réticence transformeroit l'inscription en une satire. Peuples, vous êtes également vils, & dans la misere, & dans la félicité : vous ne savez ni vous plaindre, ni vous réjouir.